느티 블로그

책 만 드 는 집 시 인 선 106

느티 블로그

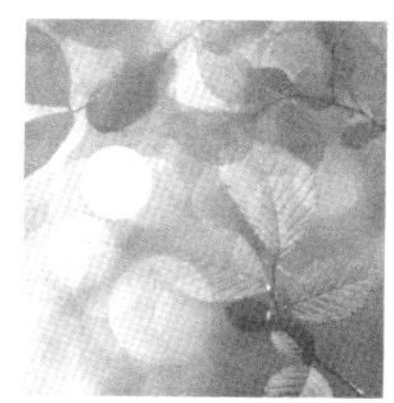

성주향 시조집

책만드는집

시인의 말

살아오면서

마음속에 빛나는

보석 하나 지니고 싶었다

손바닥 위에 올려놓고 보아도

무결점의 빛 덩어리

하지만

내 시어詩語엔

아직 불순물이 너무 많다

시나브로 멍든 자국을 더 절삭하여

눈 시린 광택을 내고 싶다

—2018년 새봄의 문턱에서

성주향

| 차례 |

2부

3부

4부

5부

1부

느티 블로그

마음속 그 무언가 흘러가지 않을 때는
누구든 여기 오면 무상의 펜션 드리지요
잎사귀 너울 파도가 시원스레 할 겁니다

혹 불이 꺼져 있어 대답이 없더라도
따뜻한 문패의 집 손잡이를 당기세요
한 번의 클릭만으로 물소리는 좔좔좔

먼 길 굽이돌아 힘겹게 오신 당신
볼륨 조금 높이면 매미 울음도 들릴 겁니다
쉬었다 나가실 때는 댓글 잊지 마세요

알람시계

새벽녘 잊지 않고
찾아오는 삐삐쫑새

머리맡 울어대는
그 환청 따라가면

창틀에
판화를 새긴
애처로운 조각달

둥근 밥상

살붙이 수저 들며 재롱 피운 그 시절은
별미 아닌 찬이라도 이것저것 얹어주고
입가에 피던 웃음은 해보다도 더 밝았다

새 둥지 마련하여 하나 둘 떠난 뒤로
머리맡 들려오는 환청을 따라가면
얼음꽃 피었다 녹는 찬 바람이 매섭다

늦저녁 하늘가에 밥상 편 저 달무리
보고픈 마음자리 총총 별 불러 앉혀
식은 밥 데워다 놓고 옛날처럼 먹고 싶다

스캐너

플러그 꽂는 순간
수문 쫙 올라간다

장엄한 물보라에
무지개 떠오르고

크기도
똑같은 놈만
몰려나온 붕어빵

환승

스치는 영상처럼
굽이친 걸음걸음

화살표 따라가는
너와 난 어디 가나

어쩌면
잘못 산 삶을
궤도 수정 하는지

배냇저고리

채 한 뼘도 안 되는 인형의 옷인 듯
누렇게 얼룩이 진 색 바랜 무명 한 자락
가만히 펼쳐보고는 생의 비밀을 엿본다

감아댄 발자취를 가만가만 풀어보면
뽀송한 햇살 밟고 아장아장 걷는 아가
환하게 펼친 꽃대궐 어머니가 보인다

급물살 징검돌을 밟고 서는 길목에서
수만 번 수천 옷을 갈아입고 갈아입고
마지막 한 벌을 위해 힘든 고개 넘고 있다

봄이 와서

가느다란 내 목에도
꽃 핀 듯이 분홍 머플러

하늘하늘 걸어가면
나비 날아들겠다

어쩌면
벌 떼도 붕붕
잠시 앉아 날겠다

횡갯다리

강물 바닷물이
여기 와 하나 되는

달려온 너와 나도
둘 아닌 우리였네

무지개
다릿발 아래
오색 마음 흐르고

하늘다람쥐

피서로 일행 함께 남이섬에 갔었던 날
반기듯 눈빛 반짝 분주한 숲의 전령
밀쳐둔 수박 껍질을 자주 물어 날랐다

저 애들 재롱 좀 봐 너무 넘 귀엽잖니?
폰카로 요리조리 초점을 맞추는 사이
구멍 난 하늘 꼭대기 올라가고 없었다

앤루이

네 마음 알고 싶어 내 눈의 조리개로
초점이 잡힌 순간 찰칵찰칵 찍어댄다
어디서 젖어 왔느냐 가을날 같은 그 우수

나뭇잎 동동 떠서 물결 따라 흘러가듯
한 줄기 빛을 찾아 발길 닿는 동쪽 나라
따뜻한 새 둥지라지만 어찌 설움 없겠느냐

서투른 한글 발음 웃음으로 대신하는
야자수 그늘 같은 젊고 예쁜 앤루이
화문석 돗자리 펴고 어울림이 되어주마

스크랩

꽃무늬 삶의 얘기
한 뼘 한 뼘 오려 모아

마음이 허한 날에
시침질로 꿰매가면

새로 짠
생각의 옷 한 벌
세상 바람 다 막는다

타임캡슐

우리 집 뒤란에다 독 하나 묻어뒀네
그 속에 이것저것 시집올 때 비로드와
까막눈 틔우고 나서 웃음 쏟은 얘기까지

행여 누가 천 년 뒤쯤 이걸 발굴한다면
그때나 지금이나 삶은 매 같은 거라고
돋보기 가까이 대고 고개 끄덕이겠지

만약 또 살은 동안 좋았던 게 뭐냐 하면
하늘의 무지개와 꽃 핀 날 새소리 왼
더 이상 더 이하도 아닌 행복이라 하겠네

눈물 휴지

인생을 힐링하는 발표회에 갔었다
킥킥킥 훌쩍훌쩍 터져 나온 소리들
볼 타고 흐른 뜨거움 휴지로 찍어낸다

피운 꽃 시든 꽃도 너와 나의 것임을
난바다 저 풍랑을 헤쳐 오기까지는
그래 그 말씀 속에서 길이 하나 보인다

꿈꾸는 열쇠

오랜 습기에 젖어 검붉게 녹슨 자물통
수없이 돌려대도 돌처럼 굳어진 문
물집만 잡힌 손바닥 끙끙대다 돌아선다

햇빛과 결별하고 어둠에 친숙해진
밤낮 자판에서 손가락 귀신 되어간다
가벼운 터치만으로 응답해줄 세상 찾아

단절된 소통 앞에 시대가 낳은 캥거루족
모니터 가상현실 순환소수 조합하여
저만의 재택근무지 아침 없는 백야다

동창회

흰머리 다듬으며
장롱 옷 꺼내보고

거울에 비쳐 오는
아련한 학창 시절

날 새면
보게 될 짝꿍
못 알아보면 어쩌나

봄 강가에서

마음도 두어 근쯤 내려놓는 봄날이면
이유 없이 강 둔덕을 자박자박 걸을 일이다
겨우내 가렵던 머리 풀어 헤친 수양버들

물속에 비친 하프 현絃 켜는 청둥오리
백로는 자맥질로 봄빛을 건져내고
들녘 끝 아지랑이도 하품하며 오고 있다

머문 듯 세월 싣고 흘러가는 물의 속맘
산그늘 주름집은 접고 또 접히는데
뒤치는 물소리 따라 살아나는 네 생각

2부

새해 아침

클릭한 메일에서
살굿빛 해가 뜬다

어젯밤 머리맡에
표백제 푼 종소리가

때가 쏙
빠진 새날을
모니터에 널고 있다

나무

누군가 오기만을 붙박여 섰습니다
바람이 없는데도 내 팔이 흔들릴 땐
아마도 새들이 와서 쉬고 있나 봅니다

똑똑똑 비가 오면 우산을 내어주고
볕 쨍쨍 쏟는 날은 그늘을 펼쳐주고
밤에는 달을 품어서 그리움을 앉힙니다

내게 온 사람들은 추억을 사 갑니다
마음이 색색으로 물드는 가을에는
책갈피 잎새 편지를 가만 꺼내 읽겠지요

주민등록증

넌 오늘 어디에서
뭘 하며 헤매었나

바람 부는 뒷골목에
다 해진 세월처럼

웬 낯선
표정 하나가
가을비에 젖고 있다

딱새는 울지 않았다

여섯 줄 통기타는 언제나 다정했다
물어서 찾아간 곳 낯선 하늘 아래서도
오빠는 우리를 위해 노래 몇 곡 불러줬다

보고픔 썰어대던 도마 칼질 전철 소리
밤마다 꿈결에서 고향 달 실어 왔고
삼십 촉 둥지 안에는 미풍조차 버거웠다

한 모금 물 앞에서 목 비튼 수도꼭지
아스팔트 길 위에서 발목 삐며 걸었어도
다듬은 깃털 몇 장은 하늘 높이 날랐다

풍력風力

능선을 건너뛰며
달려가는 거인 아저씨

큰 날개 바람개비
윙윙윙 돌아가자

이룩할
준비를 끝낸
산이 움찔거린다

보름달

열닷새 저녁마다
유리창에 찾아와서

가만히 웃고 계신
고향 집 내 어머니

그리움
물너울 되어
가슴 가슴 적신다

새들도

살면서 하고픈 말 어찌 다 할 거냐며
다분히 빈 가지에 웅크려 앉은 텃새
조 애들 무슨 꿍꿍이 분명 뭔가 있나 보다

꽃말을 새겨듣고 가슴에다 쓰는 편지
밝아온 아침 창가 녹음기 틀고 있다
눈 푸른 초록 메시지 햇살 속에 부서져

그렇지 갖은 생각 몇 번을 다듬어서
조 예쁜 부리 빌려 대금으로 들려줄까
다 못 할 몇 마디 말은 귀에 꼭꼭 숨겨야지

겨울 대숲에서

눈 내린 허허벌판 바람 불면 섬이 되고
서로를 껴안으면 해일 앞에 형제 되고
살과 뼈 부딪는 밤엔 불면을 다스리고

먹을 간다 짙게 짙게 생각도 하염없이
마음속 서수필에 담묵 흠뻑 적시면
순백색 눈밭 한 뙈기 화선지로 펼치는

보아라 얼굴 씻고 대숲에 숨는 저 달
문갑에 올려놓고 항아리라 해두자
이제 막 벋는 홍매를 꺾어 꽂을 일이다

비둘기

전깃줄에 칠판 걸고
구구단 조잘조잘

아침에 외운 숫자
저녁땐 잊는 바보

제 짝지
전화번호는
어찌 알까 신기해

텃밭 가꾸며

장맛비 멎은 오후 밭이랑을 매다가
여린 모종 밀어내고 터를 잡은 잡초들
은연중 약속을 한 듯 스크럼 짜고 있다

호미손 갈퀴질로 끙끙 뽑으려 하지만
땅 꽉 움켜쥐고 안간힘으로 버티는
강인한 뿌리 근성에 내 손 그만 놓고 마는

그렇지 풀 몇 포기 그냥 두고 볼 일이다
우리네 눈 그늘에 흔들리며 다가서는
저 나름 뜻이 있기에 삶을 놓지 않나 보다

줄장미

초록빛 가꿔가는 너와 나의 사랑 앞에

빨간 고름 곱게 풀어 연리지로 묶어놓고

한 천년 함께하자며 넝쿨넝쿨 뻗어간다

수족관

저 작은 물속 나라 너무도 조용하다
다툼도 탐욕도 없이 그냥 있는 그대로
고기는 지느러미로 유영하고 있었다

내 사는 세상 화면 눈 뜨면 울렁증만
사방을 둘러봐도 몸살 앓는 지구촌
더러는 문 닫아걸고 귀머거리 되고 싶다

탁 트인 환한 공간 통유리 궁전 짓고
나만의 아침 맞아 근사한 차도 들며
살아온 날들만큼의 자서전을 쓰고 싶다

촛불

고사리 아가 손에
소롯 밝힌 엄마 염원

흰 불빛 퍼덕이며
비둘기로 날고 있다

이 땅에
어둠 걷히길
손 모으는 천사들

달력

새벽녘 둥지에서 소중히 꺼낸 황금 알
하루 한 개 식지 않게 두 손으로 받아 들면
내 삶의 끈끈한 의미 금은화를 쏟아낸다

빨간 동그라미 줄장미로 뻗어가서
초록의 잎새 덩굴 생각들로 감아 오르면
바람이 지날 때마다 눈빛 웃음 건넨다

수탉의 목덜미에 흘러내린 비단빛같이
씨줄 날줄 무늬 넣어 딸각대는 베틀의 시간
인생의 바디와 북은 나루터에 닿는다

보자기를 풀다

한 마음 꽁꽁 묶어 예까지 들고 왔네
흙길을 딛고부터 아스팔트 밟기까지
옆걸음 뒤도 안 보며 힘겹도록 들고 왔네

때로는 움찔움찔 머뭇대긴 하다가도
유혹의 손짓 앞에 더 옭매인 야무진 고
오르막 힘이 부칠 땐 중압감은 더했네

보자기 그 속에는 오만 잡동사니
생각을 바꿔가며 훌렁 털어 보인 뒤로
여남은 앞날이 그리 가벼울 수 없었네

생일

잘 차린 아침 밥상
미역국 뜨다 말고

나는 그만 바닷속을
헤엄쳐 들어갔네

동화의
용궁에 가서
불러보는 어머니

행복 치료사

바람이 찰박찰박 이파리를 넘깁니다
싱싱한 말씀들이 가슴에 젖어들면
쪼르르 다람쥐 와서 눈빛 주고 갑니다

산등성 넘고 넘어 몰려온 소나기 떼
지우산 양철지붕 따닥따닥 때립니다
막힌 귀 절로 열리어 꽃씨 깨어납니다

새파란 하늘 저편 다릿발 세운 무지개
달팽이 시냇물도 손잡고 달려가면
말끔히 치유된 가슴 세상 환해옵니다

파랑새

세상 숲 어딘가에 꼭꼭 숨은 내 사랑아

있잖아 한 번쯤은 만나줄 수 없겠니

아니면 여기 있다고 깃을 치지 않으련

가시나무

가까이 오지 마라 난공불락 뾰족한 침
내 몸에 어린 것들 꽃 피우기 위해서
스스로 살을 찌르며 통증마저 견뎌낸다

누구나 한두 개쯤 가시를 지녀 산다
생채기 시린 삶은 아물 수는 있지만
마음속 박힌 가시는 뽑을 수 없는 독임을

나목

마른 잎 조잘대다 멧새 되어 다 날아가고

빈 가지 걸터앉아 턱을 괸 한 점 샛별

어디서 산꿩 울음이 하늘 쩡쩡 가른다

쌀비

수루룩 하늘에서
쌀알이 쏟아진 날

겨울난 힘든 대지
배불리 먹이려고

연기를
피운 산안개
아침밥을 짓고 있다

청진기

손에 쥔 줄넘기로 내 몸을 검진한다
뜀뛰는 발끝에서 느껴오는 가쁜 맥박
정상의 육십 수치엔 다가서지 못하고

에스라인 실종시킨 퇴적층 허리 뱃살
과욕의 덩어리를 흡착기로 다스려봐도
속도계 증폭시키는 날숨 들숨만 헉헉거려

비틀고 다듬을수록 눈빛 상큼 살아난다
비우면 가벼워지는 세상의 푸른 이치
오후의 여유 속으로 날씬하게 걷고 싶다

공기 허수아비

공기로만 사는 허수 마음 비어 그런 걸까
바람이 불어오면 부는 대로 몸을 틀고
옆구리 툭 쳐도 헤헤 웃음 잃지 않는다

조롱 같은 시선들을 온몸으로 받아내며
혈육을 찾으려고 눈 크게 뜬 것인지
꺾이고 휘인 삶에도 오뚝이로 다시 선다

쉬이 떨치지 못한 욕도 정도 내려놓으면
옭아맨 족쇄 풀려 저처럼 춤춰질까
갑자기 겨드랑이가 이유 없이 가렵다

바닷가 찻집

먼 바다 그리움이 갈매기로 나는 하오

유년의 추억 한 줄 풍금 소리 꺼내 들고

청사포 해안선 끌며 굽어 도는 기적 소리

울산 대밭

십 리 길 푸른 바람 사륵 푸는 청대밭을
강물과 손을 잡고 마음 눠어 걸어본다
말끔히 비운 귓속에 금빛 고기 몰린다

하늘로 가는 기차 종착역은 어디일까
서늘한 객실마다 유리창 맑혀놓고
도인들 천문도 꺼내 별자리를 익힌다

곧은 뼈 한 마디를 피리 깎아 물어본다
산 너머 숨은 달이 고개 빼꼼 내어 밀고
단정학丹頂鶴 추는 한량무 엿보면서 다가온다

벚꽃 야경

그이와 함께 걷는 가로수 벚꽃 터널

사랑을 속삭이듯 온 하늘 반짝반짝

무수한 꽃잎 별들이 은하수로 흐른다

계단 밟다

아침과 저녁으로 계단 밟아 오른다
무덤덤 벽면 표정 눈길 한번 안 주어도
무릎뼈 삐걱거리며 위만 보고 오른다

등짐을 줄여가며 한 층 한 층 딛고 선다
궤적이 끊길 듯이 몰아쉰 가쁜 숨결
꼭짓점 밟고 설 땅이 시계추로 흔들린다

창밖을 내다보니 오금이 짜릿하다
가파른 손잡이가 사시나무로 벌벌 떨고
돌아도 아니 본 세월 내려갈 길 겁나다

길 위에서

사원이 많은 나라 이스탄불 지나며
내가 달을 따라왔나 달이 날 따라왔나
첨탑에 매단 보름달 한국 마음 같았다

사는 곳 말 틀려도 눈빛은 똑같았다
손 내밀어 한 푼 달라는 배고픈 아이 얼굴
몇 끼를 굶었나 보다 목소리도 희미하다

오색의 파노라마 필름 감듯 감아봐도
편히 쉴 어디 한 곳 있을 법하다마는
내 사는 이 땅이 정말 가고 싶어 하던 그곳

손톱을 깎으며

잘라도 잘라내도
고개 드는 너의 아집

아차 하면 살을 베는
벼린 날끼 다잡으며

또옥딱
튕기는 반항
숨바꼭질 하고 있다

억새밭에서

보아도 보지 못한 잡아도 잡히질 않는
불어온 높새바람 텅텅 비는 이 가을날
스르륵 가슴속으로 땅억새 비질 소리

저 하늘 때 탄 구름 다 쓸어 청자 되고
손끝으로 퉁겨보면 댕그랑 맑은 소리
초벌에 상감해놓은 초승달이 돈는다

한 다발 억새 베어 서수필로 곧추세우면
휘갈긴 생의 내력 흘러가는 물소리
쟁쟁쟁 귓바퀴에 와 감겼다가 풀린다

거울

물속도 아닌 것이
창밖도 아닌 것이

세상을 반을 잘라
똑같이 만들었다

현실과
영의 세계가
일치하는 꼭짓점

색안경

자주 눈 아파와서 안경을 바꾸었다
티비를 시청해도 혹은 길 가다가도
찔러 온 폭언의 가시 눈물 자주 흘렸다

나는 파리라 하고 너는 벌이라 하고
물들인 유리알로 바깥세상 다시 보면
황사로 눈에 낀 티가 괜한 오해 불러왔다

자고 나니 거짓처럼 통증이 갈앉았다
올려 본 하늘 저쪽 환하다 꽃구름은
그렇지 생의 정답은 덧셈 혹은 뺄셈이다

4부

까치 울다

덜 헹군 잿빛 어둠 뜬금없이 우는 까치
쌀 씻던 손 훔치고 힐끔 밖 내다보니
무어라 말을 전하듯 꽁지 까딱거린다

늦어진 저녁 귀가 아홉 시 뉴스에는
물난리 산사태에 변두리 삶 갇혀 있다
내 앞을 비껴간 불행 한숨마저 제방되고

신문을 뒤적이다 눈길 절로 가서 멎은
재미로 보아오던 명리命理로 푼 오늘 운세
부동不動이 화禍 면한다는 조신하란 메시지

자연 온도계

맴맴맴 불볕 온도
귀뚤귀뚤 서늘 온도

전봇대 씽씽 울면
얼음 언 영하 온도

계절이
바뀔 때마다
자동으로 알려요

꽃씨처럼

지난해 늦가을에 부쳐 온 꽃씨 선물
봄볕 든 담장 밑에 오종종 묻어본다
촉촉이 비라도 오면 무슨 꿈에 젖을까

자고 난 방충망에 초록 넝쿨 뻗어 있다
어떻게 저 애들은 이곳에 올라왔나
새 아침 밝아왔다고 방긋 웃는 나팔꽃

나이가 든다는 건 생각을 지우는 일
흰 구름 피어올라 한 하늘 열어가듯
내 또한 네게로 가서 웃게 하는 꽃 되리

인큐베이터

뽀르르 뽀까뽀까
별나라와 교신하니

수화로 꼬물꼬물
예쁜 꿈 동동 동동

내일엔
우주 센터에서
꽃잎 편지 오겠다

콩나물

난전의 할머니가 흰머리 세고 있다
칠순에 닿기까지 감아댄 실 꾸러미
수북이 쌓인 음표가 그를 대신 말한다

키 쑥쑥 자란 유년 너와 난 닮아 있다
콩알로 통통대다 모양새 바꿔가며
뒷골목 밥집에 가서 시린 속 풀어주고

이제는 가부좌 틀고 명상하는 나날이다
아침저녁 선식으로 물만 먹고 살아가는
속내를 다 비춰낸 삶 가야 할 길 보인다

열 받다 보면

밥솥이 뱅글뱅글
상모를 돌리고 있다

덜컹덜컹 꽹과리 치다
차진 밥 먹게 하듯

맞다가
뚜껑 열리면
나도 뭐든 되겠지

유통기한

대형 마트 식품 코너 조르르 놓인 우유팩
명시된 날짜 보고 힐끔 눈 흘기고 간다
신상품 내 자리라며 줄줄이 와 꿰차고

죽지 꺾인 외기러기 서성이는 인력시장
언 몸 녹여가며 호명을 기다리지만
모닥불 다 삭아들도록 눈빛만이 휑뎅한

유산균 번식하듯 무언가 되고 싶은
칸막이 임시 쪽방 부화를 꿈꾸지만
힘없는 볕살이 자주 그늘 속에 숨는다

볼펜

뇌신경 지시 따라 백지에 길이 열린다
찌이찍 찌찌찌찌 그래프를 그려가면
햇살은 아침 인사로 유리창을 넘는다

푸르던 나뭇잎이 물감을 들여갈 때
그리운 벗에게로 편지를 쓸까 보다
어느덧 물든 내 맘도 서걱서걱거리고

돌아보면 삶의 무늬 꽃이 된 발자국들
그 길에 촛불 밝혀 일기장을 펼쳐보면
결국엔 가 닿아야 할 이정표가 보인다

부부

김칫소 버무리듯
살 섞으며 살은 수년

탁탁 튄 장작불로
닭싸움도 했었지

깊은 정
배이다 보니
사랑마저 제맛이네

꽃 질 때

또 한 번 새봄 와서 마음 환히 열었건만
무너진 역사처럼 벚꽃비 쏟아진다
연초록 잎사귀 송송 여름 향해 달릴 때

나는 늘 그대론데 계절은 멈춤 없이
왜 자꾸 낯선 길로 등 떠밀어 밀쳐내나
질펀히 펼친 화문석 그를 밟고 가란 듯

툭 치는 느낌 있어 누굴까 돌아보니
불어온 바람결에 귀밑머리 휘날린다
하르르 꽃잎 한 장이 머리핀이 되는 사월

별을 보며

내 몸은 천체일까 별 가득 안고 산다
바람이 살랑 불면 푸른 꿈 흔들리고
아직 그 여름밤 유년 머리 위에 반짝인다

별똥별 내린 곳에 꽃들은 피어나서
손끝을 퉁겨대면 종소리 울려날 듯
고운 꿈 꿨던 아가야 세수했나 묻는다

차 한 잔 앞에 놓고 숨찬 여정 짚어본다
남들은 산 너머에 산울림이 산다지만
더 이상 바랄 것 없는 내 사는 땅 이 행복

오십 지기

얽힌 맘 매듭 풀어
손 먼저 내밀어 보면

꽃으로 동동 뜨며
환해지는 네 얼굴

우리 맘
오색실 끈은
탈도 많고
정도 많고

가을

두 팔을 크게 벌린 허수아비 아저씨

기러기 나는 하늘 수신호를 보내면

가지 끝 빨간 홍시는 깜박깜박 점멸등

오뚝이

밉다고 툭툭 차여 자꾸 되뚝거려도

넘어지면 넘어질수록 더 강인한 새 의지로

보란 듯 꼿꼿이 서서 나를 증명할 거야

태화강을 거닐며

저만치 강아지풀 촐랑촐랑 오라기에
새봄에 강을 따라 가볍게 걸어본다
물너울 반짝거림은 추억 한 줄 불러내고

차마 그때 보낸 그이 어디쯤 흘러갔나
어느 날 나도 몰래 두물머리서 만난다면
아무 말 없이도 그냥 곁에 두고 갈거나

바람이 넘겨대는 저물녘 강물 공책
노을이 색연필로 붉게 붉게 칠해가면
부치지 못한 편지를 기러기가 물고 난다

독거노인

눈뜨면 리모컨이
하루를 열어준다

지구촌 파노라마
그 속을 들여다보고

웃다가
울먹이다가
마음문을 닫는다

5부

코스모스

아직도 너는 거기 꽃양산 들고 섰다
눈부신 흰 가운이 빛나던 그 시절에
마음속 그리움 꺼내 편지를 쓰게 했던

내 가는 곳 어디든 따라왔던 앳된 미소
먼 야전병원에서 붕대도 감아줬고
어떨 땐 날고 싶어서 바람개비 돌려댔지

햇살 같은 석류알 그 투명한 어느 가을
앵글에 들어와서 박제된 한순간이
보풀 진 책갈피 속에 환하게 웃고 있다

내비게이션

가슴을 두드려도 열리지 않는 먹빛 하늘

내 고민 네 맘속에 입력하면 들어줄까

아직도 못 찾은 사랑 보란 듯이 그렇게

마이크를 잡은 사람

무대를 바다 삼아 마이크를 애인 삼아
달려오는 눈빛 파도 감성으로 갈앉히고
청중의 숨소리조차 뚝 멎게 한 말 화살

살아 있는 경전 같은 그 궤적 따라가면
손수건 먼저 알고 눈물을 닦아주고
갑자기 소나기 오듯 우레 같은 박수 소리

100℃ 비등점에 끓은 생 꾹꾹 삭혀
티눈이 핵으로 자라 구두 밑창 벌어진 날
한 알의 영롱한 진주 무지개를 둘렀다

앵무새

안녕? 인사말을 아녕 아녕 따라 하는

웃는 모습 눈빛까지 엄마 아빠 닮아가고

거울 속 숨은 내 유년 가만 보고 있는 듯

어떤 풍경

터질 듯 부푼 대낮
여자 혼자 걷는 들길

꽃양산 스크린에
뙤약볕이 내리쬐면

꺼내 든
옛 추억의 사랑
영화 한 편 찍고 있다

날벼락

새아가 보냈다는 효도 송금 들어온 날
참 고운 목소리로 전화가 걸려 왔다
아가씨 친절함에는 얼음판도 다 녹일

뜬금없이 계좌번호 이것저것 물어볼 때
별다른 생각 없이 질문에 응해줬고
한순간 공기 빠지듯 탁 갈앉은 무게중심

문명의 혜택으로 살기 좋다 말들 하지만
간밤 꿈자리가 뒤숭숭한 걸 보면
눈 깜짝 코도 안 베고 뿌리째 뽑히는 삶

그 여름밤 화첩

총총 별 윙크하는 옥상에 둘러앉아
손에 쥔 옥수수로 협연했던 그 여름밤
앞니가 빠진 아이는 웃음 왁작 쏟아냈다

오선지 궤도에서 뛰쳐나온 별똥별 음표
그 꿈을 줍겠다고 달려갔던 아이는
저 언덕 철길 너머서 아직 오지 않고 있다

철커덕 밤기차가 해안을 끼고 돌 때
해조음 치맛자락 도돌이표 변주하고
솔가지 틈새로 가만 얼굴 내민 오빠 생각

비 갠 아침

구겨진 옷가지를 헹궈 너는 건조대

싱싱한 아침 햇살 넝쿨로 감아 오르면

팔다리 앓던 신경통 주름 펴서 말라간다

비즈공예

모난 맘 갈고 닦아 보석 된 유리구슬
일곱 빛 무지개로 곱게 물들여 가면
손끝이 엮어낸 기쁨 영롱하게 빛난다

너에게 다가가려 다릿발 세운 공예
지구촌 구석구석 푸른 기운 뻗어간다
헐벗은 난민의 삶도 따뜻하게 안기고

해와 달 뜨고 지는 이 복된 행성에서
가장 큰 생의 선물 아직 남은 날들 위해
총총한 별을 꿰어서 사랑으로 엮었다

새 출발

백지에 선을 긋고
내딛는 한 발 한 발

가는 곳 알 수 없어
팽팽한 줄다리기

판도라
상자는 결코
열어보지 않으리

안경

투명한 하늘 두 장
귀걸이로 걸어놓고

오늘도 세상 구경
한 장 한 장 넘겨간다

번뇌로
앉은 먼지는
입김 불어 호호 닦고

달맞이꽃

땅거미 짙은 창가 그리움 닻 내리면
내 마음 외로울까 고개 빼꼼 내민 반달
먹물이 다 마르도록 너는 환히 웃고 있다

그날 그 뒤안길에 불쑥 내민 장편 무정
보풀인 책갈피에 이니셜도 희미해져
기억을 더듬어가면 느낌만은 그대로

만약 그 길목에 다시 설 수 있다면
어깨 툭 치는 손길 한번 놀래줄 텐데
하늘땅 어쩌지 못해 달바라기하는가

빈 의자

한쪽 굽 닳아 있는 기우듬 늙은 의자
그때 그 당당함은 어디로 숨었는지
어르신 떠난 뒤로는 고개 뚝 떨구었다

장딴지 아리도록 종일 서서 일할 때엔
차마 말은 못 했지만 그곳에 앉고 싶었다
지금은 무게중심이 온몸으로 삐걱댄다

우리 잠시 머문 자리 가끔씩 돌아보면
호시절은 섰을 때라고 넌지시 일러주는
서녘에 노을 한 자락 붉은 융단 깔고 있다

대추나무

더듬는 엄마 품속
아기별 반짝반짝

젖꼭지 조롱조롱
밤낮으로 물린 덕에

꼬맹이
몰라보도록
부쩍부쩍 커간다

차돌멩이

둘레길 산행에서 발에 차인 차돌 하나
어 요놈 봐 참하네 인연인가 싶어서
눈빛을 주고받으며 조심스레 집어 든다

요리 보면 산의 무늬 조리 보면 바다 같은
저도 뜻이 있어 몇만 년 굴렀을까
깎이고 둥글어지면 달도 되는갑더라

궂은 날 비가 올 듯 벼락 치고 바람 분다
산다는 게 뭔지 몰라 흔들리는 세상과 나
그렇지 마음 누르며 가만가만 봐야겠다

편월片月

철광석 한 소쿠리 풀무질로 달구어서
추출한 무쇠 살점 망치로 두들긴다
아직은 만월이 못 돼 울고 있는 나의 반쪽

개울물 흘러가서 강 되고 바다 되듯
어디쯤 우린 지금 떠가고 있는 걸까
물살에 비친 실루엣 웃다가도 잠기는

점점이 파닥이는 수천만 물비늘들
이제 막 다 왔다고 박수를 치고 있다
흰 수평 아 눈부셔라 원圓이 된다 비로소

| 해설 |

사물과의 친화와 결속을 통한 사랑의 시학

유성호 문학평론가 · 한양대학교 국문과 교수

1

우리 고유의 정형 양식인 '시조時調'는, 양식적 동일성을 지속적으로 유지해오면서도 인간 사유의 복합성과 첨예한 동시대성을 담아내기에는 낡은 그릇이라는 의혹을 받아온 것이 사실이다. 그러나 우리 시대처럼 근대의 정점과 황혼을 동시에 경험하고 있는 때일수록, 단정한 발화와 시상을 근간으로 하는 정형 양식의 섬광은 역설적으로 커다란 요청을 받게 되기도 하였다. 따라서 우리는 시조가 견지하는 함축적이고 견고한 발화가, 빠르고 길고 넘쳐나는 말 대신에

느릿하고 짧고 응축된 방식으로 우리 시대의 언어적 과잉에 대해 저항하는 속성을 보여준다고 말할 수 있다. 그때 우리는 비로소 '시조'라는 안정되고 정제된 정형 양식의 참모습을 알게 될 것이다.

예담 성주향 시인의 첫 시조집 『느티 블로그』는, 정형 양식 안에 오랜 시간 흔들리고 출렁여왔던 자신의 기억을 갈무리하고 있다는 점에서, 이러한 시대적 과제에 부응하는 성과라고 할 수 있을 것이다. 가령 시인은 그 과정에서 자신의 몸에 가라앉아 있는 통증들을 환기하면서, 또 단단하고 아름다운 상상력으로 그것들을 훌쩍 넘어서는 모습을 동시에 보여주고 있다. 아닌 게 아니라 시인 스스로도 "살아오면서 // 마음속에 빛나는 // 보석 하나"를 열망하면서 "멍든 자국을 더 절삭하여 // 눈 시린 광택을 내고 싶다"(「시인의 말」)라고 강조한 것처럼, 성주향 시인에게 '시조'는 보석을 만들어내는 일이요, 상처를 넘어 빛을 뿌리는 자기 치유와 사랑의 행위이기도 하다. 따라서 시인에게 '정형'이란, 어색한 강제적 굴레가 아니라 매우 맞춤하고도 미학적인 옷이라고 할 수 있다. 그만큼 성주향 시인은 정격正格의 발화와 단정한 시상을 견고하게 결합함으로써, 정형 양식이 자신의 발화 내용과 형식을 통합한 미학적 결실임을 충실하게 입증하고 있다. 이처럼 숱한 사물과의 친화와 결속을 통해 넉넉한 사랑으로 나아가는 성주향 시인의 시조 세계 안으로, 이제 한 걸음씩 천천히 들어가 보도록 하자.

2

다시 한번 강조하지만 성주향 시인에게 '시조'는 삶의 구체적 표현이요, 내밀한 심정 토로의 방식이요, 자신이 살아온 날들을 에누리 없이 재구성하고 성찰하는 상상적 기록이다. 이번에 출간하는 그의 첫 시조집은, 아프게 통과해온 지난 시간들에 대한 충실한 재현 과정을 담으면서 그 시간 속에서 소용돌이치는 기억에 자신의 열정을 남김없이 바치는 첫 모습을 선명하게 보여준다. 또한 성주향 시인은 이번 첫 시조집을 통해 지난 시간들을 추스르고 응시하는 삶의 형식에 대해 뜻깊은 질문을 하고 있는데, 이때 그가 추구하는 삶의 형식이란 생을 구성하고 펼쳐가는 원리로 기능하는 정신적 차원의 태도를 함의한다. 그는 이러한 삶의 형식을 깊은 기억으로 그려가는 존재론을 하나하나 구체화해간다. 그 안에는 내면과 사물을 잇고 통합하는 친화와 결속의 에너지가 충일하게 담겨 있다.

마음속 그 무언가 흘러가지 않을 때는
누구든 여기 오면 무상의 펜션 드리지요
잎사귀 너울 파도가 시원스레 할 겁니다

혹 불이 꺼져 있어 대답이 없더라도
따뜻한 문패의 집 손잡이를 당기세요
한 번의 클릭만으로 물소리는 좔좔좔

먼 길 굽이돌아 힘겹게 오신 당신
볼륨 조금 높이면 매미 울음도 들릴 겁니다
쉬었다 나가실 때는 댓글 잊지 마세요
—「느티 블로그」 전문

이번 시조집의 표제작이기도 한 이 시편은, 시인 자신이 운영하는 블로그를 소개하는 방법을 통해 사람들에게 평화와 안식을 주려는 시인의 의지를 표명하고 있다. 그곳은 넉넉한 쉼과 치유의 시간이 가득 담긴 '무상의 펜션'이기 때문이다. 시인은 "마음속 그 무언가 흘러가지 않을 때"에 이곳을 찾아오라고 권유한다. 그리고 "따뜻한 문패의 집"은 이곳을 찾아오는 이들에게 다정하고도 친밀한 시간을 제공할 것이다. 그래서인지 "먼 길 굽이돌아 힘겹게 오신 당신"에게 시인은 "잎사귀 너울 파도"나 "매미 울음"도 함께하면서 이곳에서 쉼과 치유를 얻기를 소망하고 있는 것이다. 여기서 '느티 블로그'는 성주향 시인이 써가는 '시조'를 은유하는 상관물로 차차 존재의 확장을 가져오기도 한다. 그 안에는 "따뜻한 새 둥지"(「앤루이」)처럼 말끔하게 "치유된 가슴"(「행복 치료사」)으로 환해지는 시간이 출렁이고 있다. 그렇게 성주향의 시조는 많은 이들에게 쉼과 치유의 언어로 번져가려는 의지를 가지고 있는 것이다.

살붙이 수저 들며 재롱 피운 그 시절은
별미 아닌 찬이라도 이것저것 얹어주고
입가에 피던 웃음은 해보다도 더 밝았다

새 둥지 마련하여 하나 둘 떠난 뒤로
머리맡 들려오는 환청을 따라가면
얼음꽃 피었다 녹는 찬 바람이 매섭다

늦저녁 하늘가에 밥상 편 저 달무리
보고픈 마음자리 총총 별 불러 앉혀
식은 밥 데워다 놓고 옛날처럼 먹고 싶다
—「둥근 밥상」 전문

여기서 '둥근 밥상'은, 마치 '느티 블로그'처럼, 식구들이 둘러앉아 서로를 사랑하고 서로에게 의존하는 시간을 확인하는 쉼과 치유의 공간이다. 시인의 기억 속에 그 밥상은 살붙이들이 재롱을 피우던 "그 시절"을 환기해주고, 나아가 "입가에 피던 웃음은 해보다도 더 밝"은 빛을 뿌리곤 했던 시간을 탈환해준다. 그러나 그 밥상을 떠나 그네들이 하나둘씩 "새 둥지 마련"한 뒤로, 시인에게는 그저 "머리맡 들려오는 환청" 속에서 "얼음꽃 피었다 녹는 찬 바람"만이 매섭게 다가온다. 그러니 자연스럽게 "늦저녁 하늘가에 밥상 편 저 달무리"를 바라보면서 시인은 "보고픈 마음자리 총총 별 불러 앉혀 / 식은 밥 데워다 놓고 옛날처럼 먹고 싶"어 하는 마음을 가져보는 것이 아닌가. 이는 한 시절 강한 혈육애로 친화와 결속을 다졌던 '둥근 밥상'이라는 시공간에 대한 진한 그리움의 표명이요, 시인의 기억 속에 지금도 "가만히 펼쳐보고는 생의 비밀을 엿본"(「배냇저고리」) 순간을 가져다주는 "마음속에 빛나는 // 보석 하나"일 것이다. 애잔하고 둥글고 아름다운 기억들이 아닐 수 없다.

사실 대개의 기억은 과거의 삶에 대한 단순한 재현이 아니라 시인의 현재적 입장에 의해 선택되고 재구성되는 어떤 것이다. 그 점에서 시인이 선택하고 재구성하는 기억이란 현재의 시인이 갈망하는 생의 형식을 담고 있게 마련이다. 성주향 시인이 재현하는 기억 역시 지금 자신이 잃어버리고 살아가는 가장 아름다운 어떤 원형에 대한 그리움에서 발원하는 것일 터이다. 특별히 그가 써가는 '시조'는 지상의 원리에 충실하면서도 한편에서는 비상의 꿈을 잃지 않는다는 점에서, 유한자有限者로서의 실존을 벗어나 오감에 포착되지 않는 근원적 실재를 찾아 나선다는 점에서, 이러한 지적이고 정서적인 모험의 순간을 가져다주는 '블로그/밥상'의 역할을 하고 있다고 할 수 있다. 성주향 시인의 첫 시조집은 이러한 시조의 본래적 직능을 견지하면서, 우리로 하여금 어떤 근원적 실재를 유추하게끔 하는 웅숭깊은 화폭으로 다가온다. 특별히 시인은 근원적인 시공간의 심층을 활달하게 가로지르면서 유달리 넓은 편폭을 보여줌으로써, 더욱 깊고 보편적인 세계로 나아가는 도정을 우리에게 허락해준다.

3

말할 것도 없이 '시간'은 삶 속에서 하나의 흐름으로 경험된다. 그러나 시간의 흐름이라는 것은 그 자체로 객관적 실

재가 아니라 하나의 가상적이고 심리적인 은유일 뿐이고, 그만큼 사람마다 상이한 기억과 경험 속에서 구성될 수밖에 없는 것이다. 성주향 시인이 사물의 비의秘義를 드러내거나 암시하려 할 때 자주 시간의 흐름이라는 은유를 택하여 자신의 인상을 구성하려는 것도 시간이 가지는 이러한 은유적 원리 때문일 것이다. 특별히 시간의 흐름 속에 강렬하게 그를 붙잡고 있는 형식은 '사랑'의 경험과 깊이 관련되는데, 시인이 노래하는 '사랑'의 시학은 먼저 다음과 같은 열렬한 감각과 기억 속에 구성되어간다.

초록빛 가꿔가는 너와 나의 사랑 앞에

빨간 고름 곱게 풀어 연리지로 묶어놓고

한 천년 함께하자며 넝쿨넝쿨 뻗어간다

—「줄장미」 전문

그이와 함께 걷는 가로수 벚꽃 터널

사랑을 속삭이듯 온 하늘 반짝반짝

무수한 꽃잎 별들이 은하수로 흐른다
—「벚꽃 야경」 전문

시인은 "너와 나의 사랑"을 두고, 초록빛을 가꾸면서 "빨간 고름 곱게 풀어 연리지로 묶어놓"은 '줄장미'의 형상에 비유한다. '초록'의 신생과 '붉음'의 정열이 고스란히 하나의 육체를 얻어 '사랑'의 물리적 속성을 은유하기에 적합한 형상으로 몸을 바꾸는 순간이다. 그리고 시인은 그 줄장미가 "한 천년 함께하자며 넝쿨넝쿨 뻗어간" 시간을 응시하면서, 자신의 사랑도 그러한 의지와 다짐 속에서 움트고 있음을 고백한다. 그런가 하면, 뒤의 시편에서는 "그이와 함께 걷는 가로수 벚꽃 터널"을 노래한다. 그것은 "사랑을 속삭이듯 온 하늘 반짝반짝"하는 축복의 길이요, "무수한 꽃잎 별들이 은하수로 흐른" 기억을 가져다주는 행복의 길이기도 하다. 이처럼 그에게 사랑은 "결국엔 가 닿아야 할 이정표"(「볼펜」)처럼 우뚝하다. 그리고 "꽃말을 새겨듣고 가슴에다 쓰는 편지"(「새들도」)의 형식을 띠고 있기도 할 것이다. 그 정열과 축복의 사이로 부지불식간에 다가오는 부재와 결여 속에서도 시인은 그리움의 대상에 대한 애잔한 기억을 깊이 노래함으로써 사랑의 지속성과 양감量感을 동시에 보여주고 있다.

세상 숲 어딘가에 꼭꼭 숨은 내 사랑아

있잖아 한 번쯤은 만나줄 수 없겠니

아니면 여기 있다고 깃을 치지 않으련

—「파랑새」 전문

먼 바다 그리움이 갈매기로 나는 하오

유년의 추억 한 줄 풍금 소리 꺼내 들고

청사포 해안선 끌며 굽어 도는 기적 소리

—「바닷가 찻집」 전문

가령 사랑은 "세상 숲 어딘가에 꼭꼭 숨은" 것이다. 시인은 그 사랑이 자신을 "한 번쯤은 만나줄" 것을 기대하지만, 그리고 스스로 "여기 있다고 깃을" 쳐줄 것을 소망하지만, 그 사랑은 '파랑새'처럼 상상 속에서나 만나고 깃을 치는 존재일 뿐이다. 가상의 시공간에서 대상을 향한 강렬한 애착을 표명한 시편이라 할 것이다. 그리고 다음 시편은 먼 바다

를 날아다니는 갈매기의 형상에서 '그리움'을 톺아 올린 작품이다. 시인은 "유년의 추억 한 줄 풍금 소리"를 꺼내들면서 "청사포 해안선 끌며 굽어 도는 기적 소리"를 아련하게 사랑의 잔상殘像처럼 듣고 있다. 아마도 시인이 앉아 있는 '바닷가 찻집'은, '풍금 소리'나 '기적 소리'처럼 지금은 사라져간 애틋한 추억의 공간적 상관물일 것이다. 시인에게 '사랑'이란, 한편으로는 "창틀에 / 판화를 새긴 / 애처로운 조각달"(「알람시계」)처럼 지난날의 삽화로 떠오르고, 한편으로는 "꺼내 든 / 옛 추억"(「어떤 풍경」)처럼 사라져간 시간 속에 존재하는 흐릿한 영상으로 다가온다. 이처럼 성주향의 시편들은 남다른 사랑의 기억에서 발원하지만, 그것은 그가 온몸으로 견뎌야만 했던 고통스런 시간이 녹록지 않은 크기와 깊이로 존재했었음을 알리고 있다. 고통과 상처를 실존의 불가피한 부분으로 받아들이면서 그는 매우 구체적이고 선명한 기억에 토대를 둔 사랑의 시학을 펼쳐간다. 가파른 세상에 대해 격정적이고 적대적인 맞섬의 태도를 가지기보다는 섬세한 관찰과 증언으로 그것들을 치유하려 한다는 점에서, 성주향 시편이 노래하는 사랑의 독자성은 충분히 입증되고 있다 할 것이다.

마음도 두어 근쯤 내려놓는 봄날이면

이유 없이 강 둔덕을 자박자박 걸을 일이다
겨우내 가렵던 머리 풀어 헤친 수양버들

물속에 비친 하프 현絃 켜는 청둥오리
백로는 자맥질로 봄빛을 건져내고
들녘 끝 아지랑이도 하품하며 오고 있다

머문 듯 세월 싣고 흘러가는 물의 속맘
산그늘 주름집은 접고 또 접히는데
뒤치는 물소리 따라 살아나는 네 생각
—「봄 강가에서」 전문

이제 사랑은 '봄 강가'처럼 아름답고 싱그러운 시공간에서 새로운 형상을 얻어간다. 마음을 내려놓은 어느 봄날, 강가를 "자박자박 걸을 일"로 충일했던 시인은 '수양버들/청둥오리/백로/아지랑이' 등 봄날의 자연 세목들이 봄빛을 건져내고 있는 풍경 속에 깊이 잠겨 있다. 그리고 시인은 "머문 듯 세월 싣고 흘러가는 물의 속맘"을 돌아보면서 "뒤치는 물소리 따라 살아나는 네 생각"에 잠시 젖어보기도 한다. 이는 그야말로 봄날의 아름다움이 "그리움 / 물너울 되어"(「보름달」) 다가오는 순간이 아닐 수 없을 것이다. 이렇게 성주향 시인의 '사랑' 시학은 자연 사물 속에 깃든 아름다운 그리움으로 하나하나 귀일해간다. "기억을 더듬어가면 느낌만은 그대로"(「달맞이꽃」) 살아 있었던 셈이다.

결국 성주향의 시조는 상상적인 충일과 결여의 과정을 통해, 어둠이 깊을수록 그 어둠을 밝히고 사르는 불빛의 상승 파동을 그려간다는 바슐라르Bachelard적 상상력을 감각적으로 구현해간다. 그 점에서 시인의 결핍은 생명의 전前 단계이고, 격렬한 사랑을 통과하고 나서의 고요한 생명으로의 귀환을 예감하게 해준다. 사물과 현상을 강렬하게 잡아채는 첨예한 사유와 감각의 흐름이 바로 여기에 있다. 이렇듯 시인은 사물과 현상의 역동적인 고유의 이미지군群을 섬세하게 포착하여, 그것을 선명한 물질적 언어로 바꾸어가는 시적 역량을 지속적으로 보여준다. 그 안에는 아득한 심연에서 전해져 오는 미학적 파동이 있는데, 시인은 그것을 아득하고 아름답게 채록해간다. 이러한 표지標識들을 통해 그는 한편으로는 지상의 실재들이 사라져가는 소실점을 천착하면서, 한편으로는 삶의 심층에서 글썽이는 시선에 접근해간다. '사랑'의 탐색을 통한 근원으로의 귀환 과정을 심미적으로 보여준 것이다.

4

인물과 사건을 시간적으로 결합하여 일정한 프로세스를 담아가는 '서사'와는 달리, '서정'은 현재의 정서적 집중성을 통해 대상에 대한 주체의 순간적 반응을 표현한다. 그래서 사물의 속성을 보여주려 할 때도 서정 양식은 그 대상이 그러한 속성을 가지게 된 과정에 주목하기보다는, 상황적 구체 아래서의 정서적 반응을 통해 그 대상의 속성을 에둘러 나타내곤 한다. 그 순간성의 형식을 일러 우리가 '충만한 현재형'이라 지칭해온 것은 잘 알려진 일이다. 우리가 자연 사물에 정서나 사유를 투사投射하는 작법이 바로 이에서 비롯되는데, 앞에서도 잠깐 보았듯이, 성주향의 시법詩法에는 이러한 자연 사물의 모습이 충만하고도 선명하게 그 모습을 드러내는 경우가 상당히 많다.

누군가 오기만을 붙박여 섰습니다
바람이 없는데도 내 팔이 흔들릴 땐
아마도 새들이 와서 쉬고 있나 봅니다

똑똑똑 비가 오면 우산을 내어주고
별 쨍쨍 쏟는 날은 그늘을 펼쳐주고

밤에는 달을 품어서 그리움을 앉힙니다

내게 온 사람들은 추억을 사 갑니다
마음이 색색으로 물드는 가을에는
책갈피 잎새 편지를 가만 꺼내 읽겠지요
—「나무」 전문

성주향 시인은 '나무'라는 대상에 인격을 부여하여, 그가 누군가 오기만을 기다리면서 붙박여 서 있는 존재라고 상정한다. 새들이 깃들여 쉬고 있고, 바람이 불지 않아도 나무는 팔을 흔든다. 그러다가 비라도 내릴라치면 우산이 되어주기도 하고, 햇볕 따가운 날에는 그늘을 펼쳐주기도 하고, 밤에는 달을 품어 거기 그리움을 앉히기도 하는 일을 순환적으로 수행해간다. 마침내 '나무'는 사람들의 추억의 저장소가 되어, "마음이 색색으로 물드는 가을"에는 사람들로 하여금 "책갈피 잎새 편지를" 읽게끔 하기도 할 것이다. 모두 가을 닐의 '나무' 한 그루에서 느낀 '충만한 현재형'의 징시와 사유를 담아낸 순간성의 형식이라 할 것이다. 이렇게 시인은 나무가 "스스로 살을 찌르며 통증마저 견뎌낸"(「가시나무」) 존재자라고 상상하거나, "살아 있는 경전 같은"(「마이크를 잡은 사람」) 마음을 가진 사람의 은유가 되기에 족하다는 것을 선연하게 보여준다.

지난해 늦가을에 부쳐 온 꽃씨 선물
봄볕 든 담장 밑에 오종종 묻어본다
촉촉이 비라도 오면 무슨 꿈에 젖을까

자고 난 방충망에 초록 넝쿨 뻗어 있다
어떻게 저 애들은 이곳에 올라왔나
새 아침 밝아왔다고 방긋 웃는 나팔꽃

나이가 든다는 건 생각을 지우는 일
흰 구름 피어올라 한 하늘 열어가듯
내 또한 네게로 가서 웃게 하는 꽃 되리
—「꽃씨처럼」 전문

그런가 하면 이번에는 '꽃씨'라는 지극히 작은 자연 사물을 불러들인다. 물론 '꽃씨'는 꽃 자체가 아니라 꽃으로의 생성을 준비하는 성격으로 인해 더욱 '충만한 현재형'의 가능성을 잘 보여줄 수 있는 소재이다. 작년 늦가을에 받은 "꽃씨 선물"을 시인은 봄이 되어서야 담장 아래 묻는다. 이제 봄날의 따뜻한 햇볕과 촉촉한 비가 꽃씨로 하여금 꿈에 젖게

할 것이다. 그렇듯이 "새 아침 밝아왔다고" "초록넝쿨 뻗"는 '나팔꽃'도 시인으로 하여금 새로운 사물들의 생명력을 한껏 느끼게끔 해줄 것이다. 이제 시인은 "나이가 든다는 건 생각을 지우는 일"이라는 잠언을 발화하면서, 자신도 스스로의 생각을 지우면서 "네게로 가서 웃게 하는 꽃"이 되겠노라고 다짐한다. 그렇게 "개울물 흘러가서 강 되고 바다 되듯"(「편월片月」) 시간이 흐르고 '꽃씨'는 자라고 '나무'는 우람하게 커갈 것이다.

이처럼 성주향 시인이 써가는 '시조'는, 자연 사물에 대한 지극한 관찰과 그것의 감각적 재현, 그리고 그것을 인생론적 은유로 유추해내는 상상력의 연쇄 과정에서 발원하고 있다. 시인은 '시조'가 가지는 형식미학적 장점과 미덕을 최대한 살려 이러한 미학적 공정을 하나하나 아름답게 성취해간다. 압축과 생략과 긴장의 방법을 통해, 시인은 오랜 서사와 정서가 들어차 있던 곳을 확연히 비움으로써 단형 서정의 극점을 이루어간다. 따라서 성주향 시조를 읽는 이들은 그 비워진 터에 자신의 경험과 감각을 불어 넣어 행간에 숨겨진 서사와 정서를 상징적으로 재구성해야 한다. 그의 시조는 이렇게 의미를 설명하는 쪽이 아니라 의미를 응축하는 쪽에서 있고, 세계내적 존재로서의 인간이 가지는 복합적 삶의 마디들을 일일이 설명하지 않고 생략과 함축의 미학을 통해 집중성과 상상적 참여의 기능을 강화하고 있기 때문이다. 그 점에서 시조의 양식적 정점에 성주향 시조의 현재와 미래가 깃들여 있다고 해도 좋을 것이다.

5

또한 이번 성주향 시인의 첫 시조집은 우리 삶의 복합성을 증언하면서, 풍경의 발견에서 시작하여 원숙한 삶의 관찰을 지나 우리 삶에 밴 이면의 현상을 투시하려는 예지와 열정을 보여준다. 그것은 열망과 상처가 가득한 상황으로도 나타나는데, 이때 우리는 성주향 시조가 허무주의로 귀일하지 않고 삶에 대한 관찰로 나아가는 힘을 만나게 된다. 대체로 허무가 삶의 지향점을 찾을 수 없거나 정체성에 대한 회의 때문에 생겨나는 것이라면, 성주향의 시조는 삶을 새롭게 긍정하는 미학으로 허무를 견뎌내고 있다는 점이 이색적이다. 그리고 여기에 성주향 시조의 건강성이 내재해 있다. 다음 시편을 읽어보자.

저 작은 물속 나라 너무도 조용하다
다툼도 탐욕도 없이 그냥 있는 그대로

고기는 지느러미로 유영하고 있었다

내 사는 세상 화면 눈 뜨면 울렁증만
사방을 둘러봐도 몸살 앓는 지구촌
더러는 문 닫아걸고 귀머거리 되고 싶다

탁 트인 환한 공간 통유리 궁전 짓고
나만의 아침 맞아 근사한 차도 들며
살아온 날들만큼의 자서전을 쓰고 싶다
—「수족관」 전문

'수족관'이라는 좁고 작고 조용한 "물속 나라"에서 시인은 "다툼도 탐욕도 없이" 유영하는 물고기들을 "그냥 있는 그대로" 살아가는 존재자들로 바라본다. 그것은 "내 사는 세상"과는 전혀 다른 것이어서, "사방을 둘러봐도 몸살 앓는 지구촌" 때문에 시인은 "문 닫아걸고 귀머거리 되고 싶"을 때가 한두 번이 아니었다. 하지만 정말 귀를 닫고 살 수는 없는 일이어서, 시인은 "탁 트인 환한 공간"에서 "살아온 날들만큼의 자서전을 쓰고 싶다"라고 고백한다. 그것이 자유롭고 조용하고 넉넉한 물고기들의 유영과는 다르겠지만, 시인에게는 가장 가파르고도 진정성 있는 생애를 담아내는 일이기도 할 것이고, 어쩌면 그것은 '시조'라는 자서전의 형식으로 귀결될지도 모를 일이다. 그렇게 시인은 "그때나 지금이나 삶은 매 같은 거라고"(「타임캡슐」) 생각하면서도, "어둠에 친숙해진"(「꿈꾸는 열쇠」) 시간들을 걷어내고 자신이 환한 공간으로 나아가기를 소망하는 것이다.

난전의 할머니가 흰머리 세고 있다
칠순에 닿기까지 감아댄 실 꾸러미
수북이 쌓인 음표가 그를 대신 말한다

키 쑥쑥 자란 유년 너와 난 닮아 있다
콩알로 통통대다 모양새 바꿔가며
뒷골목 밥집에 가서 시린 속 풀어주고

이제는 가부좌 틀고 명상하는 나날이다
아침저녁 선식으로 물만 먹고 살아가는
속내를 다 비춰낸 삶 가야 할 길 보인다
—「콩나물」 전문

이번에는 아예 가장 구체적인 사회적 타자인 "난전의 할머니"를 불러왔다. 칠순의 할머니 곁에 감아놓은 "실 꾸러미"나 "음표"처럼 생긴 '콩나물'이 할머니의 생애를 대신 말해주고 있다. 할머니가 키우시고 파시는 '콩나물'은 "콩알로 통통대다 모양새 바꿔가며 / 뒷골목 밥집에 가서 시린 속 풀어주"는 고마운 존재이다. 그래서 시인은 "가부좌 틀고 명상하는 나날"을 통해 "속내를 다 비춰낸 삶 가야 할 길"을 다시 한번 성찰해보는 기회를, '콩나물'이라는 사물을 통해 환기하게 된다. 삶의 고단함과 그것을 뚫고 나아가는 "속내를 다 비춰낸" 길의 가능성이 환하게 보이는 시편이 아닐 수 없다. 이때 '콩나물'은, "이 땅에 / 어둠 걷히길 / 손 모으는 천사들"(「촛불」)처럼, 시인에게 밝은 길을 예시해준다 할 것이다.

이처럼 우리가 성주향 시인의 시조에서 접할 수 있는 것은, 시인 스스로 견지하고 있는 처연한 인간적 존재론에 관한 영역이다. 시인이 노래하는 존재론적 풍경은, 아름다운 지난날에 대한 감상이나 나아질 미래에 대한 희망을 향하고 있지 않다. 다만 시간의 흐름과 함께 그 안에서 차츰차츰 소멸되어가는 삶에 대한 쓸쓸함을 위해 바쳐질 때가 많다. 그래서 시인은 사물의 존재 형식을 개선하거나 그것을 새로운 차원으로 이끌려는 지적 모험을 감행하는 대신, 사물의 심층에서 진행되는 소멸의 형식을 투시하고 표현하려는 남다른 미적 욕망을 보여줄 뿐이다. 정성스러운 타자에의 헌신

과정이 여기 담기게 된다.

6

마지막으로 성주향 시인이 노래하는 '울산'을 들여다볼 차례다. 물론 이러한 소재 선택은, 시인의 시조가 가지는 본령이 되기는 어렵겠지만, 자신이 살아온 지역의 모습과 가치를 노래하는 시인으로서는 무척 소중한 영역이기도 할 것이다. 그만큼 시인은 자기 기원이라는 테마를 향해 나아가면서, 한결같이 울산에서의 시간이 가졌을 법한 세세한 결들을 재현하고 그 안으로 몰입해간다. 물론 이때 기원 탐색이라는 것이, 과거를 지향하고 거기에 배타적 가치를 부여하는 퇴영적 행위를 뜻하는 것은 아니다. 그것은 오히려 그동안 치러온 경험을 원초적 형식으로 복원하면서도 그것을 현재의 삶과 연루하고 매개하는 적극적 행위 가운데 하나일 것이다.

십 리 길 푸른 바람 사륵 푸는 청대밭을
강물과 손을 잡고 마음 뉘어 걸어본다
말끔히 비운 귓속에 금빛 고기 몰린다

하늘로 가는 기차 종착역은 어디일까
서늘한 객실마다 유리창 맑혀놓고
도인들 천문도 꺼내 별자리를 익힌다

곧은 뼈 한 마디를 피리 깎아 물어본다
산 너머 숨은 달이 고개 빼꼼 내어 밀고
단정학丹頂鶴 추는 한량무 엿보면서 다가온다
—「울산 대밭」 전문

성주향 시인은 '대밭'이라는 푸르고 우뚝한 공간에서 "십리 길 푸른 바람"이 불어오는 것을 느낀다. 그 푸른 바람을 풀어놓는 "청대밭"에서 "강물과 손을 잡고 마음 뉘어 걸"을 때, 비로소 다가오는 어떤 평화를 감지하기도 한다. "말끔히 비운 귓속에 금빛 고기 몰"리는 형상도 그러한 평화에 기여한다. 문득 시인은 "하늘로 가는 기차 종착역"을 대숲에서 상상하고, 나아가 "서늘한 객실마다 유리창"을 닦으면서 "도인들 천문도 꺼내 별자리를 익"혀가는 자신을 바라본다. 이제는 "곧은 뼈 한 마디를 피리" 삼아 불면서, "단정학"과 "청대밭"의 아득한 색채 대조 속에서 '울산 대밭'의 신성함과 아름다움 그리고 그 깊이를 실감 있게 노래하는 것이다.

그때 우리는 "말씀 속에서 길이 하나 보인"(「눈물 휴지」)다고 노래하는 시인의 지극한 서정을 엿보게 된다.

저만치 강아지풀 촐랑촐랑 오라기에
새봄에 강을 따라 가볍게 걸어본다
물너울 반짝거림은 추억 한 줄 불러내고

차마 그때 보낸 그이 어디쯤 흘러갔나
어느 날 나도 몰래 두물머리서 만난다면
아무 말 없이도 그냥 곁에 두고 갈거나

바람이 넘겨대는 저물녘 강물 공책
노을이 색연필로 붉게 붉게 칠해가면
부치지 못한 편지를 기러기가 물고 난다
—「태화강을 거닐며」 전문

주지하듯, '태화강'은 울산을 가로질러 흐르는 아름다운 강이다. 울산의 문화는 전통적으로 태화강 유역을 중심으로 발전해왔기 때문에, 태화강은 울산을 대표하는 상징이기도 하다. 시인은 "강아지풀"과 새봄 강가의 반짝이는 "물너울"에서 오랜 추억을 불러본다. 그때 떠나보냈던 사람도 이

강 따라 흘러갔을 것이다. 어느 날 문득 그를 만난다면 "아무 말 없이도 그냥 곁에 두고 갈"까 하고 생각해본다. 그렇게 "강물 공책"에 색연필로 붉은 칠을 하는 노을을 따라, 시인은 "부치지 못한 편지"를 깊이 생각한다. 물론 이는 가장 사적私的인 문맥을 담은 사랑의 시편이지만, 그 안에는 울산에 터를 잡고 살아가는 이들의 기쁨과 슬픔, 만남과 이별, 사랑과 그리움이 형상적으로 출렁이고 있다.

이처럼 성주향 시인은 '시조'를 통한 뚜렷한 지향점을 울산에서 적극 키워간다. 그것이 바로 언어를 비껴간 언어로서의 시조미학일 것이다. 이렇듯 성주향 시편은 언어를 넘어선 언어를 통해 사물의 본체에 다가간다. 여기서도 우리는 모든 사물에 귀 기울이고자 하는 시인의 열린 모습을 정성스레 만나게 된다. 그래서 현대시조가 언어의 허구적 시뮬레이션이 아니라, 현실의 폐허를 견디게끔 위무하면서 쓸쓸하고도 아름다운 생의 형식을 견고하게 보여주는 양식임을 입증해가고 있다. 울산의 '대밭'과 '태화강'이 그 엄연하고도 구체적인 산지産地가 되고 있는 것이다.

7

우리가 잘 알듯이, '속도'는 우리가 의식하지 못하는 사이에 삶의 폭력적 에토스ethos가 되어버린 지 오래이다. '파시스트적 속도'라는 별칭이 자연스러울 정도이다. 하지만 성주향 시인은 이러한 시간의 속도를 천천히 거슬러 오르면서, 예의 속도 감각과는 정반대편에서 서서히 흘러가는 시간을 탐색해간다. 그럼으로써 우리에게 외곽으로 밀려나 있던 중요한 시간을 상상하게 해주고, 속도의 반대편에 낮은 목소리로 발화되는 역상逆像들을 만들어준다. 그가 써가는 시조에는 이러한 선연한 기억과 심미적 감각이 깊이 잠복해 있는데, 이것만으로도 우리는 이번 시조집을 읽는 묘미를 한껏 느낄 수 있을 것이다. 그만의 기억과 감각을 통해 우리 삶의 불모성을 치유하고 새로운 소통 가능성을 꿈꿀 수 있을 테니 말이다. 그리고 우리 몸 안팎에서 지워진 가치를 순간적으로 복원함으로써, 서정 양식이 가질 법한 역설적 항체의 역할을 강렬하게 느껴볼 수 있을 테니 말이다.

물론 '시조'는 꿈과 현실의 접점에서 착상되고 그것들이 이루는 첨예하고도 날카로운 긴장 속에서 발화되는 서정 양식이다. 그래서 '꿈'에 접근하는 일과 '현실'에 다가서는 일은 시조가 수행하는 불가피한 두 가지 축이 된다. 성주향 시인이 쓰는 시조는 복잡한 '현실'에 근접하면서도 그것을 뛰어넘을 수 있는 마법적인 '꿈'의 세계를 마련하여 그 경계에 우리의 정체성을 세워간다. 그렇게 성주향의 시조 세계는, 마음을 다해 전해지는 회감回感의 정서와 우리가 살아가는 현실에 대한 탐구의 열의를 함께 담아냄으로써, 이러한 서정 양식의 핵심 기율을 여지없이 충족해간 것이다.

이를테면 성주향 시인은 깊은 눈길로 세계를 응시하고 거기에 자신의 기억을 던져 넣는 모험을 마다하지 않고, 자신의 삶을 구성하는 타자들에 대해 한없이 따스한 말을 건네면서, 자신을 향해서는 매우 중량감 있는 성찰의 언어를 부여해간다. 이러한 사유와 감각이 그의 시조로 하여금 우리 시대를 끌어가는 구심력으로 나아가게 하고, 더러는 우리로 하여금 현실을 벗어나 꿈의 원심력을 가지게끔 하는 향원익청香遠益淸의 세계를 구성하기도 한다. 이때 '시조'는 성주향 시인의 양도할 수 없는 언어적 상징이고, 그만의 사유와 감각의 기원이고, 독자적 브랜드이다. 그렇게 시인은 이번 첫 시조집 안에 사물과의 친화와 결속을 통한 사랑의 시학을 담아낸 것이다. 그래서 우리는 첫 시조집을 이렇게 완성도 높은 세계로 장식한 시인이 다음 시조집에서는 더욱 열정과 심미성을 갖춘 진경進境으로 힘 있게 나아가기를 온 마음으로 희원해보는 것이다.

| 연보 |

성주향成周香. 아호 예담例潭.

1939년	경남 창녕 출생
1960년	국군간호사관학교 졸업(간호사)
1974년	동아대학교 경영대학원 수료(경영진단사)
1990년	한국방송통신대학교 법학과 졸업(법학사)
2002년	울산대학교 대학원 졸업(가정학 석사)
1960년	제63육군병원 근무
1962년	제2야전병원 근무
1965년	제1육군병원 근무
1967년	일신산부인과 조산 교육(1년)
1968년	조산소 개업(5년)
1972년	부산침례병원 산실 근무(1년)
1973년~2012년	성남외과의원 감독 간호사
1978년	울산YMCA 밀알클럽 회장
1980년	울산YMCA 이사(어머니합창단장)
1980년	일본 후쿠오카YMCA에서 합창 공연
1982년~1991년	평화통일정책자문회의 울산시위원
1982년~1987년	울산YWCA 창립(회장)
1983년 3월 11일	경상남도정화추진협의회 여성분과 위원장
1983년 10월 19일	'87년 울산YWCA 새마을유아원장
1984년 9월 4일	무료직업안내소장(노동부 인가)

1986년 1월　　부산지방법원 울산지원 가사·소액 조정위원

1986년 2월 26일　　울산시여성단체협의회장(제4대)

1986년 9월 8일　　울산YWCA 도배무료인정직업훈련원장(노동부 인가)

1986년 11월 1일　　울산시 중구 위민봉사원

1986년 12월 15일~1991년 4월 12일　　울산시정 자문위원

1987년 1월 19일　　소비자보호단체협의회 울산지부장

1989년 3월 10일~1996년 2월　　한국가정법률상담소 울산지부 창립 소장

1993년 7월　　수필가 등단(《수필문학》 7월호)

1993년 7월 28일~1999년 9월　　도박추방운동협의회 창립(회장)

1993년 10월 29일　　울산모델학원 창립(원장)

1995년 3월 22일~1997년 1월　　경상남도체육회 이사

1995년 5월　　한국문인협회 회원

1995년 6월 29일~1998년 6월 30일　　경상남도 민주자유당 도의원(비례대표)

1995년 7월 10일　　수필문학회 이사

1995년 8월 31일　　울산광역시승격추진위원회 운영위원

1995년 9월 20일　　지방의회의정자료연구소 회원

1995년 12월 12일　　(재)대원교육문화재단 이사

1996년 2월 27일　　울산문인협회 회원

1996년 9월 21일　　울산예음청소년교향악단장

1997년 5월 23일　　대한가족계획협회 울산·성남시부 운영위원

1997년 10월 24일　　신한국당 울산광역시시부 여성위원장

1997년 11월 20일　　청소년성교육/성삼담 전문가 자격증 획득

1998년 2월 27일　　울산광역시 여성발전위원회 초대 위원장

1998년 12월 28일　　한국가정법률상담소 울산지부 부설 가정·성폭력상담소장

1999년 1월 1일 울산광역시 근로청소년복지회관 자원전문상담위원
1999년 2월 22일 가정폭력피해자보호시설(평안의집) 초대 시설장
2000년 7월 15일 울산 중구청 건축분쟁조정위원회 중구위원
2000년 9월 27일 중부경찰서 행정발전위원회 위원(선도분과 위원)
2000년 11월 13일 사회복지공동모금회 배분분과 실행위원
2000년 12월 12일 울산광역시 아동학대예방센터 '어린이수호천사장'
2001년 1월 9일 울산광역시 교육청 양성평등(성인지)교육 강사
2001년 1월 16일 울산지방법원 가사조정위원
2001년 2월 16일~2012년 6월 30일 울산성폭력상담소장
2002년 2월 6일 울산광역시 교육청 양성평등교육 자문위원
2002년 8월 30일 남녀평등의식 교수요원 위촉(여성부장관)
2002년 11월 2일 가족상담전문가 자격증 획득(한국결혼가족상담학회)
2003년 2월 14일 여성부 성희롱예방교육 강사 위촉
2003년 3월 17일 울산중부경찰서 인권보호 시민참관단 위촉
2003년 5월 3일 전문상담사 자격증 획득(한국상담학회)
2003년 8월 10일 심리상담지도사 자격증 획득(한국심리상담협회)
2004년 3월 23일 MBTI 중급과정 수료(한국MBTI연구소)
2005년 4월 11일 노인복지사 자격증 획득(이강사회교육원)
2005년 5월 11일 성매매상담활동가 수료(울산YWCA현장상담센터)
2005년 11월 23일 폭력없는 사회만들기 국민운동 울산협의회장(울산광역시교육청)
2006년 1월 25일 울산여성 · 학교폭력피해자 ONE-STOP지원센터 운영위원 (울산지방경찰청)
2006년 2월 23일 마더스의학연구소 자문위원
2006년 3월 15일 울산광역시 청소년상담지원센터 실행위원

2006년 3월 21일 울산광역시 교육청 성희롱·성폭력고충 심의위원

2006년 8월 25일~2010년 울산지방법원 협의이혼 상담위원

2006년 12월 13일 울산광역시 건강가정지원센터 운영위원

2007년 2월 14일 울산여성포럼 복지분과 위원

2007년 7월 17일 가사재판·가사조정 및 협의이혼 상담위원(울산지방법원)

2007년 7월 21일 울산경제진흥원 출장교육 전문강사

2007년 8월 12일 대한군상담학회 이사

2007년 11월 16일 새로마지 친선대사 위촉

2009년 11월 23일 스포츠인권 전문인력풀(울산광역시체육회)

2010년 3월 3일 군상담심리사 1급 자격증 획득(대한군상담학회)

2010년 8월 17일~현재 (재)울산문화산업개발원 이사장

2010년 8월 20일 중구 아동·여성보호 지역연대 공동위원장(울산광역시 중구청)

2010년 12월 29일 울산광역시 강남교육 발전협의회 위원

2011년 1월 세계인명사전(Marquis Who's Who in the world) 등재

2011년 6월 18일 부부상담사 자격증 획득(한국부부상담학회)

2012년 6월 1일 울산광역시 건강가정지원센터 전문상담사

2012년 10월 5일 고등법원 원외재판부 및 가정법원(지원) 울산유치위원회 위원 위촉

2012년 10월 19일 인터넷중독전문상담사 자격증 획득(한국정보화진흥원)

2013년 1월 15일 성주향부부상담연구소 개소

2013년 3월 25일 울산성폭력상담소 시설운영위원 위촉(울산광역시 중구청장)

2013년 4월 8일 울산광역시 노인보호전문기관 상담사 계약

2013년 7월 4일　울산지방검찰청 검찰시민위원회 전문가자문단 위촉(울산지방검찰청)

2015년 1월 19일~2017년 12월 31일　울산문인협회 이사(수필분과 위원장)

2015년 2월 28일　한국통합예술치료상담(문학중심) 이수(한국통합예술치료상담학회)

2016년 9월　시조문학 작가상 수상(등단)

2017년 1월　울산시조시인협회 회원

2018년 1월　실버브레인건강지도사(1급) 자격증 획득

저서

2001년　석사논문 『가정폭력 가해자를 위한 가족상담 교육프로그램 개발』

2006년　군인성교육 프로그램 개발 공저 『푸른 성, 밝은 병영』

2008년 3월　수필집 『남편이 준 숙제』

2010년　『상담사례집』 발간(울산지방법원) 공저

2014년 10월　100사례 공저 – 가정폭력, 성폭력, 군대 내 상담 『물어봐도 돼요?』

연구보고서

1990년　「가정폭력의 현상과 관련변인에 관한 고찰」(한국가정법률상담소 울산지부)

1993년　「고스톱 및 중독성 도박의 실태에 관한 조사」(한국가정법률상담소 울산지부)

2003년　「유아기 부모 성교육 프로그램 – 지도자용」(울산대학교 정민자 교수 공저)

수상

1985년 1월 15일 공로패 : 경상남도정화추진협의회(경상남도)

1993년 10월 4일 감사패 : 도박추방운동협의회(울산시장)

1994년 7월 13일 공로패 : 대한YWCA 제32회 전국대회(대한YWCA)

1995년 3월 8일 금상 : 울산시여성대회

1998년 5월 15일 대통령표창 : 제5회 세계가정의날(복지분야)

2003년 1월 20일 감사패 : 울산지방법원 가사·민사조정위원(울산지방법원)

2004년 12월 10일 감사장 : 대법원 법원행정처장 대법관(대법원)

2005년 3월 10일 표창장 : 한국가정법률상담소 울산지부

2005년 3월 10일 봉사상 : 제7회 울산여성문화봉사상(울산여성신문사)

2005년 6월 2일 감사패 : 육군 제7376부대장 소장 서진현(국방부)

2005년 11월 9일 장려상 : 논문 발표 장려상(국군간호사관학교)

2007년 5월 11일 공로상 : 대한간호협회 울산시간호사회

2007년 7월 4일 국민훈장(목련장) : 대통령 노무현

2008년 5월 13일 밝은사회 대상 : 제17회 밝은사회 영남지구

2009년 10월 15일 공로패 : 제29회 울산예술제(한국예총 울산광역시지회)

2012년 1월 30일 표창장 : (사)울산범죄피해자지원센터

2012년 8월 18일 봉사상 : 한국YWCA 90주년 전국대회(30년봉사상)

2012년 9월 8일 특별상 : 제16회 울산전국시조백일장 입상(울산시조시인협회)

2014년 1월 2일 표창패 : 울산가정법원유치위원 표창(울산광역시장)

2017년 9월 28일 공로패 : 울산광역시 승격기여(울산광역시장)

2017년 11월 23일 사회봉사상 : 덕양춘포문화장학재단((주)덕양)

성주향

경남 창녕 출생
울산대학교 대학원 졸업(가정학 석사)
1982년 울산YWCA 창립 회장
1989년 한국가정법률상담소 울산지부 창립 소장
1995-1998년 경상남도의회의원
2013년 제17회 울산전국시조백일장 차상
2014년 중앙시조백일장 차상
2015년 가람이병기추모백일장 참방
2016년 시조문학 작가상
2008년 수필집 『남편이 준 숙제』
2018년 시조집 『느티 블로그』
울산문인협회, 울산수필가협회, 울산시조시인협회 회원
현재 성주향부부상담연구소 운영
homee39@hanmail.net

느티 블로그

—

초판 1쇄 2018년 2월 23일
지은이 성주향
펴낸이 김영재
펴낸곳 책만드는집

—

주소 서울 마포구 양화로3길 99 4층 (04022)
전화 3142-1585·6
팩스 336-8908
전자우편 chaekjip@naver.com
출판등록 1994년 1월 13일 제10-927호

—

ISBN 978-89-7944-645-6 (04810)
ISBN 978-89-7944-354-7 (세트)